小さな子どもの手づくり服

miit 新垣美穂

文化出版局

Contents

A
ショートロンパース
photo p.5 ／ how to make p.38

B
フリルカラーロンパース
photo p.6 ／ how to make p.39

C
ショートスリーブ
ロンパース
photo p.7 ／ how to make p.40

D
ギャザーワンピース
photo p.8 ／ how to make p.42

E
ギャザーブラウス
photo p.9 ／ how to make p.44

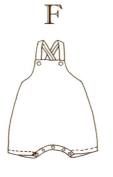

F
サロペット
photo p.10 ／ how to make p.46

G
サスペンダースカート
photo p.12 ／ how to make p.45

H
セーラーカラー
シャツ（半袖）
photo p.13 ／ how to make p.48

I
キャミソール
ロンパース
photo p.14 ／ how to make p.50

J
サークルブラウス
photo p.16 ／ how to make p.52

K
タックキュロット
photo p.16 ／ how to make p.54

L
ノーカラーシャツ
photo p.17 ／ how to make p.58

ソーイングの基本テクニック ……… p.32
作りはじめる前に ……… p.36
実物大パターンの使い方 ……… p.78
手縫いの基礎 ……… p.79

M

ロングブルマ
photo p.17 / how to make p.56

N

ラグランスリーブ
ワンピース
photo p.18 / how to make p.59

O

ふんわり
ギャザーブルマ
photo p.20 / how to make p.60

P,Q

ドルマンスリーブ
ワンピース
photo p22,23 / how to make p.62

R

セーラーカラー
シャツ（長袖）
photo p.24 / how to make p.63

S

イージーパンツ
photo p.25 / how to make p.64

T

タックキュロット
photo p.26 / how to make p.54

U

フレアワンピース
photo p.27 / how to make p.66

V
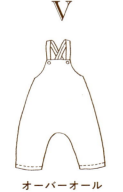
オーバーオール
photo p.28 / how to make p.69

W

カバーオール
photo p.29 / how to make p.70

X

ヘンリーネック
ロンパース
photo p.30 / how to make p.72

Y

フードコート
photo p.31 / how to make p.76

子どもがかわいい洋服を着ているのを見たときに感じる、
あのなんとも言えない幸せな気持ち。
私もそんなふうに感じてもらえる洋服を作りたい。
そう思いながら、子ども服を作ってきました。

この本は、小さい子を中心に、サイズ110までの子ども服を掲載しています。
ぜひ、お気に入りの布で、特別な洋服を作ってみてください。
お子さんに着せたとき、きっと幸せな気持ちになっていただけると思います。

この本が、みなさまの「ハンドメイドの時間」をもっと楽しく、
そして、お子さんとの時間をもっと幸せなものにすることができたら
とてもうれしいです。

新垣美穂

A how to make p.38

B how to make p.39

C how to make p.40

D how to make p.42

E how to make p.44

F how to make p.46

G how to make p.45

H how to make p.48

I how to make p.50

J how to make p.52

K how to make p.54

L how to make p.58

M how to make p.56

N how to make p.59

O how to make p.60

P how to make p.62

Q how to make p.62

R how to make p.63

S　how to make p.64

T how to make p.54

U how to make p.66

V how to make p.69

W how to make p.70

X how to make p.72

Y   how to make p.76

ソーイングの基本テクニック
Sewing Basic Technique

小さな子どもの服を作るための「基本的な縫い方」を、やさしくアドバイスします。

● 三つ折り

1 1cm幅の三つ折りに仕上げる場合。布端から2cmの位置にへらで印をつける。

へら 印つけをする用具。丸い部分を布に当ててこするとその部分がへこんで折り目がつく。布の下にアイロン台やカッティングマットなど柔らかいものを敷くと印がつきやすい。

2 2cm幅に折り目がついたところ。

3 2の折り目をアイロンで折る。

4 いったん折り目を開いて布端を合わせて、半分にアイロンで折る。

5 再び折り目を上に倒して、アイロンで押さえる。三つ折りの出来上り。布が3枚重なっているので「三つ折り」。一度しか折らないのは「二つ折り」。

● ひもの作り方

1 アイロンで幅を半分に折る。

2 1の折り目に合わせて片側をアイロンで折る。

3 もう一方の片側も2と同様にアイロンで折り、突合せにする。

4 折り目を開き、先端の縫い代を折る。

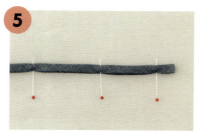

5 折り目のとおりに折ってまち針でとめる。

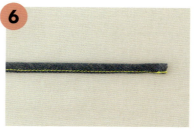

6 折り山が重なった側に0.1cmのミシンをかける。

● プラスナップをつける

プラスナップ専用 卓上プレス

脱ぎ着しやすいボタン「プラスナップ」をつけるためのプレス機。針や糸が不要で、軽い力で手軽に取りつけられるのが特長。

1
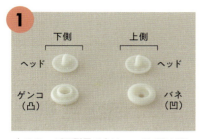
左の2つが下側用で上はヘッド、下はゲンコ。右の2つが上側用で上はヘッド、下はバネ。

2

布を裁断するときにプラスナップつけ位置に印をつけ、目打ちで穴をあける。

目打ち

穴をあけて印をつけたり、縫い代の角を出したり(p.35参照)するほか、ミシン縫いのときの布送りや縫い目をほどくときにも使えて便利。

プラスナップつけ位置に、水性チャコペンで印をつけてもよい。

水性チャコペン ツイン

時間がたつと自然に消える、マーカータイプのチャコペン。1本で「太」「細」の使い分けも。

3

まず、下側のプラスナップをつける。つけ位置に目打ちを刺して穴を少し大きくする。穴に布の下(裏側)からヘッドを刺す。

4

3の上にゲンコを合わせる。

5

4を卓上プレスにのせる。

6

レバーを手前に押し下げて取りつける。

7

下側のプラスナップがついたところ。

8

上側のプラスナップも同様につける。

9

上側と下側がついたところ。プラスナップをとめて、位置や強度を確認する。

● 共布のバイアステープを作る

1 布の裏に水性チャコペンで、布目に対して45°（正バイアスの線）を引き（各「裁合せ図」参照）、裁断する。

2 バイアステープの端を中表にL字に合わせてまち針でとめる。水性チャコペンで対角に斜線を引く。

3 2で引いた線を縫う。縫始めと終りは返し縫い。

4 縫い代はアイロンで割る。

5 縫い代を0.3cm幅にカットする。

6 アイロンで四つ折りにする（p.32「ひもの作り方」参照）。

または、バイアステープをテープメーカーに通して折る（テープの幅はテープメーカーに合わせる）。

テープメーカー
共布のバイアステープが手軽に作れる用具。6mm、12mm、18mm、25mm、50mm幅がある。

● 衿ぐりをバイアステープでくるむ

1 身頃とバイアステープを中表に合わせる。先端は約1cm出し、衿ぐりにそろえてまち針でとめる。

2 縫始めは返し縫い。バイアステープを衿ぐりにそわせながらバイアステープの折り山に少し引っ張り気味にミシンをかける。

3 縫終りも返し縫いをして、約1cm残してバイアステープをカットする。

4 バイアステープを起こして先端の縫い代を折る。

5 バイアステープを表に返して衿ぐりをくるむ。2の縫い目が隠れるようにくるみながらまち針でとめる。

6 表から0.1cmのミシンをかける。縫始めと終りは返し縫い。

● 後ろあきを作る

1

後ろ身頃を中表に合わせ、後ろ中心をあき止りまで縫う。右後ろのあき止り位置に水性チャコペンで印をつける。

2

縫い代は一度アイロンで割ってから、右後ろ身頃側に倒す。左右の見返しを後ろ端で折る。

3

2で折った右後ろ見返しを後ろ端で中表に折り直す。

4

3で折った右後ろ見返しを持ち上げて、あき止りをまち針でとめる。

5

1で印をつけた位置（あき止り）を縫う。この時、左後ろ見返しまで一緒に縫わないように注意する。

6

縫い代に、斜めに切込みを入れる。

7

縫い目の際まで切込みを入れたところ。ミシン糸は切らないように注意する。

8

切込みを入れた部分の三角の縫い代をアイロンで縫い目の際から折る。

9

8を表に返す。目打ちを使って角の縫い代をきれいに整える。

10

左後ろの見返し奥に、上端からジグザグミシンをかける。続けて、後ろ中心を2枚一緒にかけ、右後ろ側身頃に倒す。左後ろの見返しを折る。

表から見たところ。あき止りの持出しがL字形に浮いている。

11

表からあき止りの持出し部分に押えミシンをかける。

《材料、用具提供》 プラスナップ、卓上プレス／清原　方眼定規、へら、目打ち、水性チャコペンツイン、テープメーカー／クロバー

作りはじめる前に

● サイズについて

●この本の作品は、サイズ80、90、100、110までの4サイズが作れます。お子さんのサイズに合ったパターンを下記の参考寸法表と各作品の出来上りサイズから選んでください。
●ブラウスやワンピース、パンツなどの着丈はお子さんに合わせて調節してください。
●文中、図中の4つ並んだ数字は、サイズ80、90、100、110の順です。

● 裁合せと材料について

●布の裁合せはサイズの違いによって配置が異なる場合があります。まず、すべてのパターンを配置して確認してから布を裁断してください。
●共布のバイアステープの長さはサイズ110用で少し長めに表記しています。衿ぐりや袖ぐりなどの部位を縫いながら余分をカットしてください。
●ゴムテープの長さはおおよその長さを表記したので、試着してから長さを決めてください。

● 参考寸法表

単位は cm

サイズ	80 (18か月ごろ)	90 (24か月ごろ)	100 (3歳ごろ)	110 (4～5歳)
身長	75～85	85～95	95～105	105～115
胸囲	46	50	54	58
胴囲	47	49	51	53
腰囲	49	53	57	61

身長 82cm
サイズ80を着用

身長 85cm
サイズ90を着用

身長 92cm
サイズ90を着用

身長 93cm
サイズ90を着用

身長 93cm
サイズ90を着用

身長 95cm
サイズ90を着用

A ショートロンパース　photo p.5

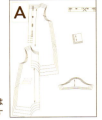

実物大パターンは
A面にあります

小さなポケットと着たときのコクーンシルエットがかわいいロンパース。
やや薄手の、綿麻混紡の平織りの布で作りました。

● 材料
4サイズ表記以外、全サイズに共通
布［綿麻混紡］……147cm幅を
　　サイズ80は60cm、90、100は70cm、110は80cm
接着芯……90cm幅50cm
ボタン……直径11.5mmを4個
プラスナップ……直径9mmを5組み

● 出来上りサイズ
胸囲……サイズ80は56cm、90は60cm、
　　　　100は64cm、110は68cm
着丈……サイズ80は52cm、90は56cm、
　　　　100は60cm、110は64cm

● 準備
後ろあきの見返し、股下布の表側の裏面に接着芯をはる。
後ろあき、袖口、裾、ポケット、股下布をアイロンで折る。

● 作り方
1　ポケットを作り、つける。
2　後ろ中心を縫い、あきを作る（p.35 参照）。
3　肩を縫う。縫い代は後ろ側に倒す。
4　袖をつける。縫い代は袖側に倒す（p.49 参照）。
5　袖下から脇を続けて縫う。縫い代は後ろ側に倒す。
6　袖口を三つ折りにして縫う。
7　裾を三つ折りにして縫う。
8　股下布をつけ（p.40 参照）、プラスナップをつける（p.33 参照）。
9　衿ぐりを共布のバイアステープでくるむ（p.34 参照）。
10　ボタンホールを作り、ボタンをつける（p.79 参照）。
＊縫い代は2枚一緒にジグザグミシンで始末する。

● 裁合せ図

＊ ┄┄┄ は接着芯　＊ ～～ はジグザグミシン
＊指定以外の縫い代は1cm

38

B フリルカラーロンパース　photo p.6

フリルカラーがかわいいロンパース。フリルをつける前にボタンホールを作ると作業がしやすいです。薄手の綿プリントで作りました。

実物大パターンは**A**面にあります

● 材料
4サイズ表記以外、全サイズに共通
布［綿プリント］……158cm 幅を
　サイズ 80、90 は 70cm、100、110 は 80cm
接着芯……90cm 幅 30cm
ボタン……直径 11.5mm を 4 個
プラスナップ……直径 9mm を 3 組み
ゴムテープ……4 コールを
　サイズ 80 は 28cm×2 本、90 は 29cm×2 本、
　100 は 30cm×2 本、110 は 31cm×2 本

● 出来上りサイズ
胸囲……サイズ 80 は 51cm、90 は 55cm、
　　　　100 は 59cm、110 は 63cm
着丈……サイズ 80 は 51cm、90 は 55cm、
　　　　100 は 59cm、110 は 63cm

● 準備
後ろあきの見返し、股下布の表側の裏面に接着芯をはる。
後ろあき、裾、股下布をアイロンで折る。

● 作り方
1　パンツのウエストにギャザーを寄せて身頃と縫い合わせる。
　　縫い代は身頃側に倒してステッチ（p.41 参照）。
2　後ろ中心を縫い、あきを作る（p.35 参照）。
3　肩を縫う。縫い代は後ろ側に倒す。
4　袖ぐりを共布のバイアステープでくるむ（p.34 参照）。
5　袖ぐり下から脇を続けて縫う。縫い代は後ろ側に倒す。
6　裾を三つ折りにして縫い、ゴムテープを通す。
7　股下布をつけ（p.40 参照）、プラスナップをつける（p.33 参照）。
8　ボタンホールを作り、ボタンをつける（p.79 参照）。
9　フリルにギャザーを寄せて衿ぐりにつけ、
　　衿ぐりをバイアステープでくるむ（p.34 参照）。
＊縫い代は 2 枚一緒にジグザグミシンで始末する。

C ショートスリーブロンパース photo p.7

綿のダブルガーゼで作ったデイリーに活躍する半袖のロンパース。
柔らかい布で作るのがおすすめです。

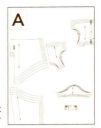

実物大パターンは
A面にあります

・材料
4サイズ表記以外、全サイズに共通
布[綿ダブルガーゼ]……100cm幅を
　サイズ80、90は90cm、100、110は1m
接着芯……90cm幅30cm
ボタン……直径11.5mmを4個
プラスナップ……直径9mmを3組み
ゴムテープ……4コールをサイズ80は28cm×2本、90は29cm×2本、
　100は30cm×2本、110は31cm×2本

・出来上りサイズ
胸囲……サイズ80は56cm、90は60cm、100は64cm、110は68cm
着丈……サイズ80は51cm、90は55cm、100は59cm、110は63cm

・準備
後ろあきの見返し、股下布の表側の裏面に接着芯をはる。
袖口、後ろあき、裾、股下布をアイロンで折る。

・作り方
1　パンツのウエストにギャザーを寄せて身頃と縫い合わせる。
　　縫い代は身頃側に倒してミシン(p.41参照)。
2　後ろ中心を縫い、あきを作る(p.35参照)。
3　肩を縫う。縫い代は後ろ側に倒す。
4　袖をつける。縫い代は袖側に倒す(p.49参照)。
5　袖下から脇を続けて縫う。縫い代は後ろ側に倒す。
6　袖口を三つ折りにして縫う。
7　裾を三つ折りにして縫い、ゴムテープを通す。
8　股下布をつけ(図参照)、プラスナップをつける(p.33参照)。
9　衿ぐりを共布のバイアステープでくるむ(p.34参照)。
10　ボタンホールを作り、ボタンをつける(p.79参照)。
＊縫い代は2枚一緒にジグザグミシンで始末する。

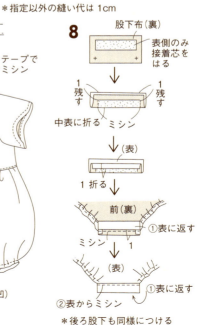

40

● パンツのウエストにギャザーを寄せて身頃と縫い合わせる

1 パンツのウエストに粗ミシンを2本（布端から0.5cmと1.5cm）かける。針目は0.3〜0.4cmに設定。上糸を2本一緒に引く。

2 ギャザーを寄せ、身頃のつけ寸法に縮める。

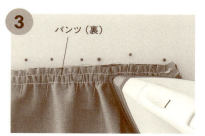

3 身頃と中表に合わせてまち針でとめ、アイロンをかけてギャザーを押さえる。

4 1cmの位置を縫う。

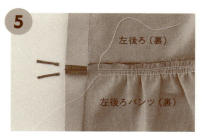

5 縫い代は身頃側に倒す。見返し部分のみ縫い代を割り、0.5cmにカットする。

6 縫い代にジグザグミシンをかける。右後ろは見返し奥にジグザグミシンをかける。

7 縫い目の際に表からステッチをかける。

8 粗ミシンの糸をリッパーで取る。

リッパー
しっかり奥まで差し込むと溝の部分が刃になっているので、そこで糸が切れる。はさみでは切りにくいときに便利。

9 表側の糸をリッパーで切ると、裏側の糸は引っ張れば取れる。

出来上り。

D ギャザーワンピース

photo p.8

肩の幅がせまくて華奢で繊細なデザインのワンピース。
脇を縫うとき、布ループをはさむのを忘れずに。

・材料
4サイズ表記以外、全サイズに共通
布［綿ドビー］……110cm幅（ドット有効幅105cm）を
　サイズ80は1m30cm、90は1m40cm、100、110は1m50cm
ボタン……直径11.5mmを5個

・出来上りサイズ
着丈……サイズ80は46.5cm、90は50cm、
　　　　100は53.5cm、110は57cm

・準備
後ろ端、裾をアイロンで折る。

・作り方
1. 布ループを作り（p.43参照）、脇にはさんで脇を縫う。縫い代は後ろ側に倒す。
2. 袖ぐりを共布のバイアステープでくるむ（p.34参照）。
3. 衿ぐりにギャザーを寄せて共布のバイアステープでくるむ（p.43参照）。
4. 裾を三つ折りにして縫う（p.43参照）。
5. ボタンホールを作り、ボタンをつける（p.79参照）。
6. ひもを四つ折りにして縫う（p.32参照）。

＊縫い代は2枚一緒にジグザグミシンで始末する。

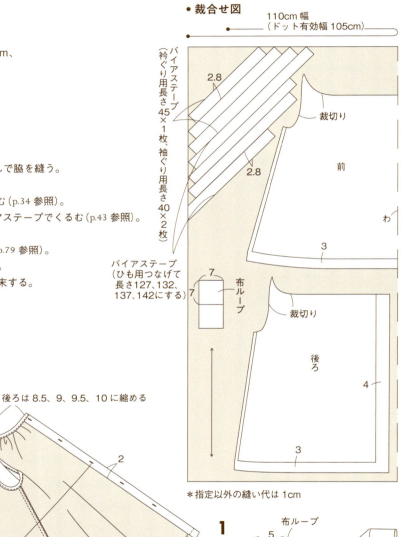

● 布ループを作る

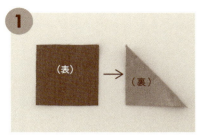

1 7×7cmの布ループ用の布を中表に三角に折る。

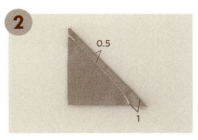

2 0.5cm幅にミシンをかけ、縫終りは約1cm幅にする。縫始めと縫終りは返し縫い。

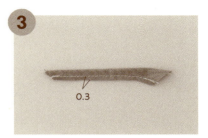

3 縫い代を0.3cmくらいに細くカットする。

4 縫い代を、縫い目の際からアイロンで折る。

5 針に糸を通して（2本どり）玉結びを作る。縫終りに刺し、針のお尻を先にして中をくぐらせ、少しずつ糸を引いて表に返す。

6 表に返したところ。このあと、5cmにカットしてアイロンでループ状に折る（p.42 1図参照）。

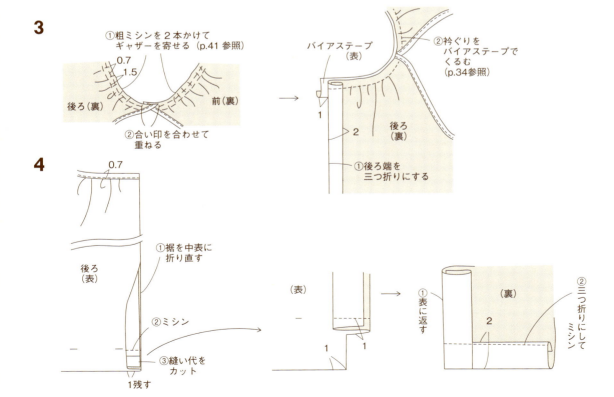

E ギャザーブラウス

photo p.9

Dギャザーワンピースの着丈を短くしたブラウスです。
ギャザーをアイロンでしっかり押さえるのがきれいに仕上げるコツです。

実物大パターンは
A面にあります。

● 材料
4サイズ表記以外、全サイズに共通
布[綿プリント]……110cm 幅を
　サイズ 80、90 は 1m、100、110 は 1m20cm
ボタン……直径 11.5mm を 4 個

● 出来上りサイズ
着丈……サイズ 80 は 32.5cm、90 は 35cm、
　　　　100 は 37.5cm、110 は 40cm

● 準備
後ろ端、裾をアイロンで折る。

● 作り方
1　脇を縫う。縫い代は後ろ側に倒す。
2　袖ぐりを共布のバイアステープでくるむ（p.34 参照）。
3　衿ぐりにギャザーを寄せて共布のバイアステープでくるむ（p.43 参照）。
4　裾を三つ折りにして縫う（p.43 参照）。
5　ボタンホールを作り、ボタンをつける（p.79 参照）。
＊縫い代は 2 枚一緒にジグザグミシンで始末する。

● 裁合せ図

＊指定以外の縫い代は 1cm

＊4つ並んだ数字はサイズ 80、90、100、110

G サスペンダースカート photo p.12

ベルトをつけるときはしつけをするときれいに縫えます。
13ページではサスペンダーを取って着ています。

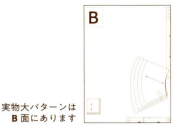

実物大パターンは
B面にあります

• 材料
4サイズ表記以外、全サイズに共通
布[麻]……110cm幅を
　サイズ80は80cm、90は90cm、100、110は1m
ボタン……直径11.5mmを4個
ゴムテープ……12コールを
　サイズ80は46cm、90は48cm、100は50cm、110は52cm

• 出来上がりサイズ
スカート丈……サイズ80は24cm、90は27cm、100は30cm、110は33cm

• 準備
ポケット、ベルト、裾をアイロンで折る。

• 作り方
1. 肩ひもを作り、ボタンホールを作る(図参照)。
2. 脇を縫う。縫い代は後ろ側に倒す。
3. ポケットを作り、つける。
4. スカートのウエストにギャザーを寄せる(p.41参照)。
5. 裾を三つ折りにして縫う。
6. ベルトを作ってつけ(p.55参照)、ゴムテープを通す。
7. ボタンをつける(p.79参照)。

*縫い代は2枚一緒にジグザグミシンで始末する。

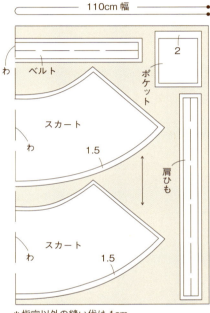

* 指定以外の縫い代は1cm

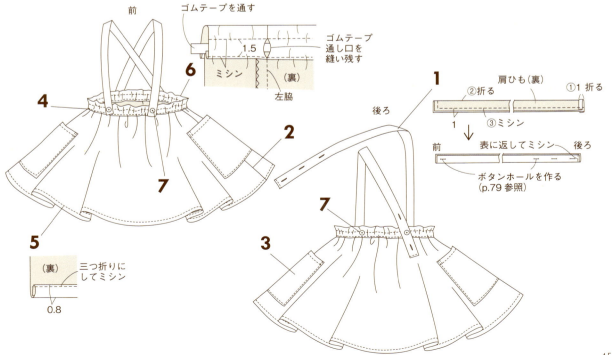

45

F サロペット

photo p.10

秋冬用には、コーデュロイなど毛起した布がおすすめです。
後ろパンツのウエストを縫うとき、肩ひもをはさむのを忘れずに。

実物大パターンは
B面にあります

● 材料
4サイズ表記以外、全サイズに共通
布[麻]……127cm 幅を
　サイズ80、90 は 70cm、100、110 は 80cm
接着芯……30 × 30cm
ボタン……直径 13mm を 2 個
プラスナップ……直径 9mm を 5 組み
ゴムテープ……12 コールを
　サイズ 80 は 22cm、90 は 24cm、100 は 26cm、110 は 28cm

● 出来上りサイズ
着丈……サイズ 80 は 43cm、90 は 46.5cm、
　　　100 は 50cm、110 は 53.5cm（前上端から裾まで）

● 準備
股下布の表側の裏面に接着芯をはる。
後ろパンツのウエスト、裾、股下布をアイロンで折る。

● 作り方
1　肩ひもを作る（p.47 参照）。
2　後ろパンツのウエストを、肩ひもをはさんで三つ折りにして縫い、
　ゴムテープを通す（p.47 参照）。
3　前身頃に前見返しをつける（p.47 参照）。
4　脇を縫う（p.47 参照）。
5　裾を三つ折りにして縫う。
6　股下布をつけ（p.40 参照）、プラスナップをつける（p.33 参照）。
7　ボタンホールを作り、ボタンをつける（p.79 参照）。
＊縫い代は 2 枚一緒にジグザグミシンで始末する。

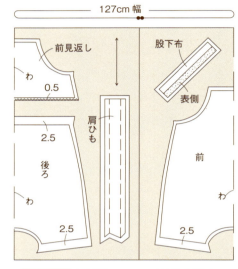

● 裁合せ図

＊ は接着芯　＊ はジグザグミシン
＊指定以外の縫い代は 1cm

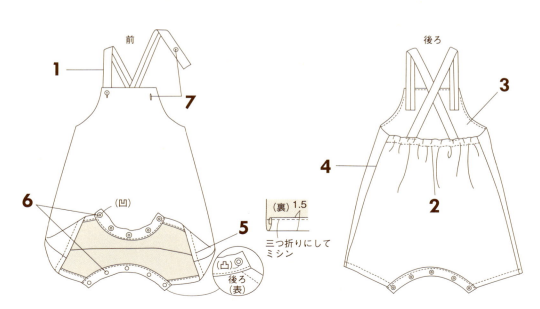

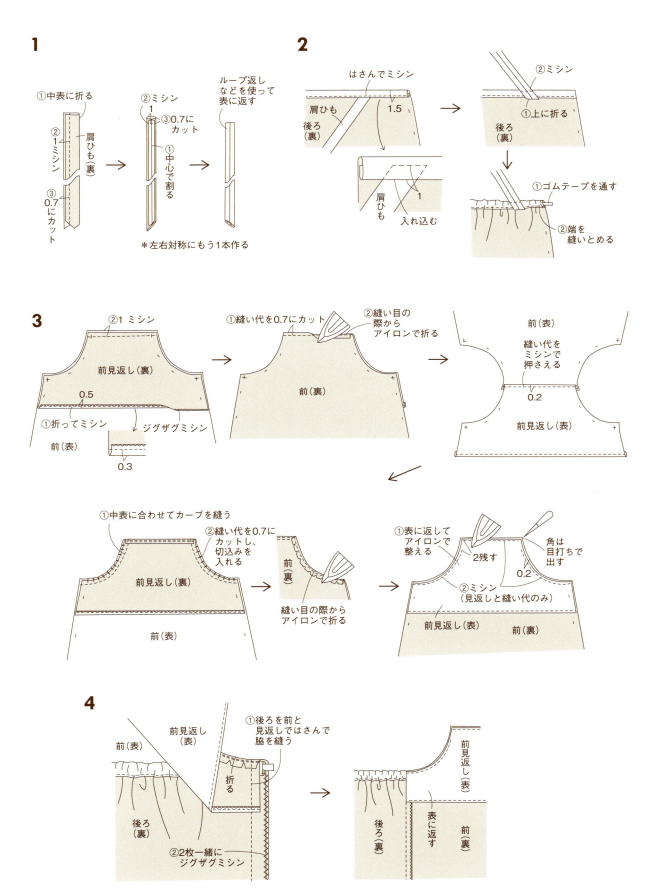

H セーラーカラーシャツ（半袖） photo p.13

女の子も男の子も似合う、ダブルの打合せとセーラーカラーがかわいいシャツ。
薄手のリネンには薄手の接着芯を使用します。

実物大パターンは
B面にあります

● 材料
4サイズ表記以外、全サイズに共通
布［綿麻交織］……124cm幅を
　サイズ80は70cm、90は80cm、100は90cm、110は1m
接着芯……90cm幅50cm
ボタン……直径11.5mmを6個

● 出来上りサイズ
胸囲……サイズ80は75cm、90は79cm、100は83cm、110は87cm
着丈……サイズ80は31cm、90は34cm、100は37cm、110は40cm

● 準備
前見返しの裏面に接着芯をはる。
袖口、裾、見返しをアイロンで折る。

● 作り方
1. 後ろ衿ぐりにギャザーを寄せる（図参照）。
2. 肩を縫う。縫い代は後ろ側に倒す。
3. 衿を作り、つける（p.49参照）。
4. 袖をつける。縫い代は袖側に倒す（p.49参照）。
5. 袖下から脇を続けてスリット止りまで縫う。
   縫い代は後ろ側に倒す（p.49参照）。
6. 袖口を三つ折りにして縫う。
7. スリットを二つ折りにして縫う。
8. 裾を三つ折りにして縫う。
9. ボタンホールを作り、ボタンをつける（p.79参照）。

＊縫い代は2枚一緒にジグザグミシンで始末する。

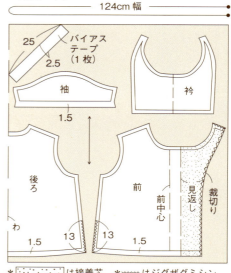

● 裁合せ図

＊ は接着芯　＊ はジグザグミシン
＊指定以外の縫い代は1cm

48

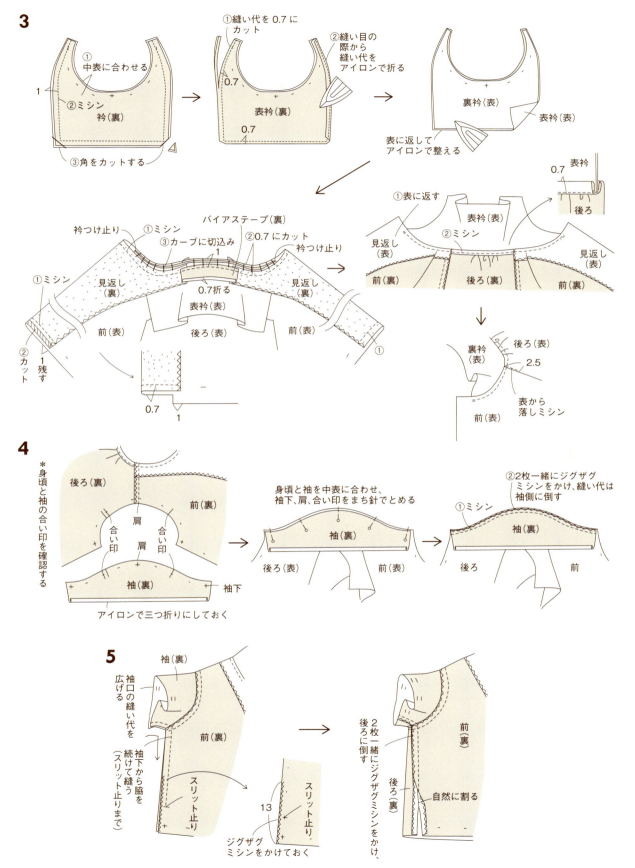

I キャミソールロンパース　photo p.14

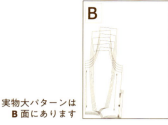

実物大パターンは**B**面にあります

ゆとりたっぷりの身頃と華奢な肩ひもがかわいいロンパース。
股下あきにする場合、X ヘンリーネックロンパースを参照してください。

● 材料
4サイズ表記以外、全サイズに共通
布［綿ストライプ］……110cm 幅を
　サイズ80は1m10cm、90は1m20cm、100、110は1m40cm
接着芯……10×40cm
ボタン……直径11.5mmを3個

● 出来上がりサイズ
胸囲……サイズ80は74cm、90は78cm、100は82cm、110は86cm
着丈……サイズ80は59.5cm、90は66cm、100は72.5cm、110は79cm
（後ろ上端から裾まで）

● 準備
後ろあきの見返しの裏面に接着芯をはる。
後ろあき、裾をアイロンで折る。

● 作り方
1　前上端にギャザーを寄せて共布のバイアステープでくるむ（下図、p.34 参照）。
2　後ろ中心を縫い、あきを作る（p.35 参照）。
3　後ろ上端にギャザーを寄せて共布のバイアステープでくるむ（下図、p.34 参照）。
4　袖ぐりを共布のバイアステープでくるみながら肩ひもを作る（p.51 参照）。
5　股下を縫う。縫い代は後ろ側に倒して表からミシン。
6　脇を縫う。縫い代は後ろ側に倒す。
7　裾を三つ折りにして縫う。
＊縫い代は2枚一緒にジグザグミシンで始末する。

● 裁合せ図

＊□は接着芯　＊〜〜はジグザグミシン
＊指定以外の縫い代は1cm

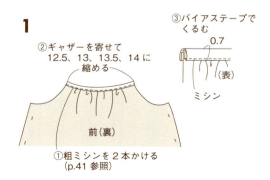

＊4つ並んだ数字はサイズ80、90、100、110

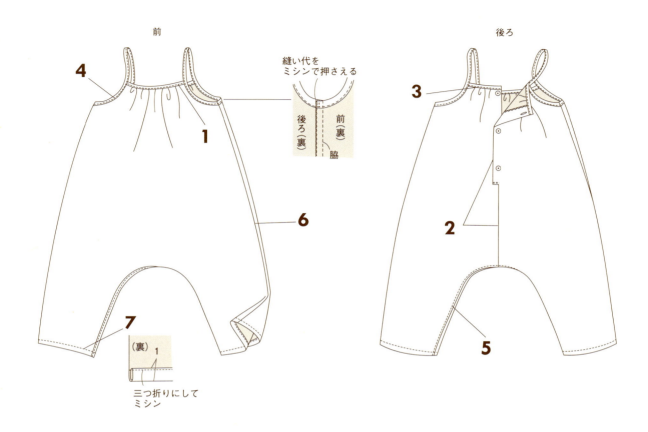

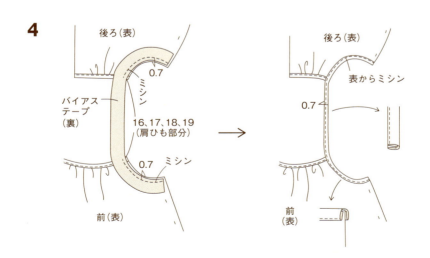

＊4つ並んだ数字はサイズ80、90、100、110

J サークルブラウス

photo p.16

ゆったりして丸い形の身頃と小さな衿がかわいいブラウス。
ギャザーの分量が多いので薄手の綿ブロードがおすすめです。

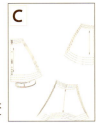

実物大パターンは
C面にあります。

● 材料
4サイズ表記以外、全サイズに共通
布[綿]……110cm幅をサイズ80、90は90cm、100、110は1m10cm
ボタン……直径11.5mmを4個

● 出来上りサイズ
着丈……サイズ80は29cm、90は32cm、100は35cm、110は38cm

● 準備
後ろ端、裾をアイロンで折る。

● 作り方
1 袖下を縫う。縫い代は後ろ側に倒す。
2 袖口にギャザーを寄せて共布のバイアステープでくるむ(p.53 参照)。
3 裾を三つ折りにして縫う。
4 身頃と袖を縫い合わせる。縫い代は袖側に倒す。
5 衿を作る(p.53 参照)。
6 衿ぐりにギャザーを寄せて衿をつける(p.53 参照)。
7 ボタンホールを作り、ボタンをつける(p.79 参照)。
＊縫い代は2枚一緒にジグザグミシンで始末する。

＊指定以外の縫い代は1cm

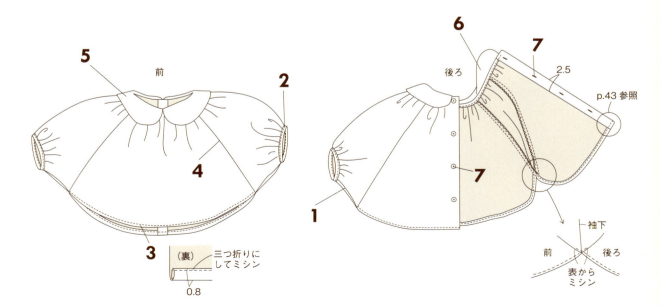

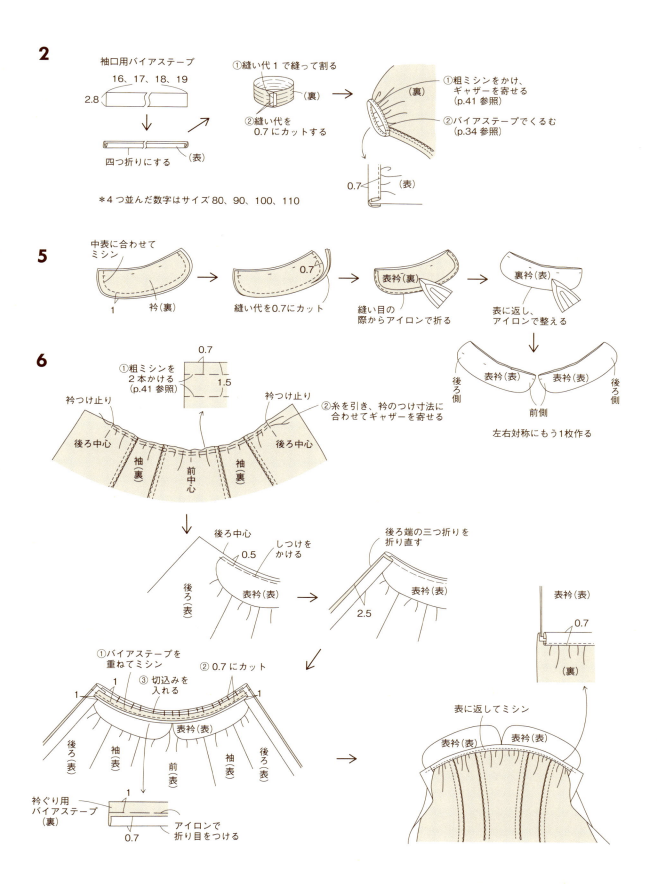

K, T タックキュロット

photo p.16, 26

Kは平織りの綿、Tはコーデュロイ、デザインは同型で布を替えて作りました。
タックは、折ったところにしつけをするとあとの作業が容易です。

実物大パターンは
D面にあります

●材料
4サイズ表記以外、全サイズに共通
布[Kは綿平織り、Tは綿コーデュロイ]……108cm幅を
　サイズ80は1m20cm、90は1m30cm、100、110は1m40cm
ゴムテープ……8コールを
　サイズ80は40cm×2本、90は42cm×2本、
　100は44cm×2本、110は46cm×2本

●出来上りサイズ
スカート丈……サイズ80は26cm、90は28cm、100は30cm、110は32cm

●準備
裾、ベルト、タックをアイロンで折る。
タックにしつけをかける(p.55参照)。

●作り方
1　脇を縫う。縫い代は後ろ側に倒す。
2　股上を縫う。縫い代は右側に倒す。
3　股下を縫う。縫い代は後ろ側に倒す。
4　裾を三つ折りにして縫う。
5　ベルトを作り、つける(p.55参照)。
6　ゴムテープを通す(p.55参照)。
＊縫い代は2枚一緒にジグザグミシンで始末する。

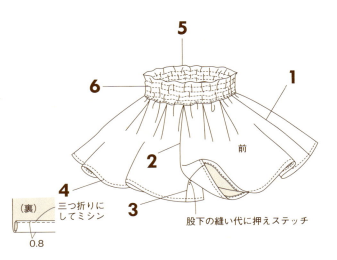

●裁合せ図

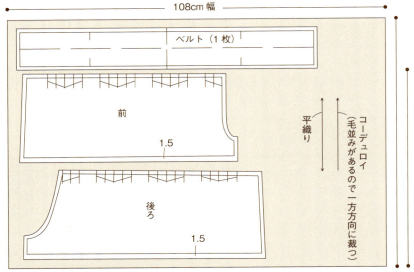

＊指定以外の縫い代は1cm

• 準備

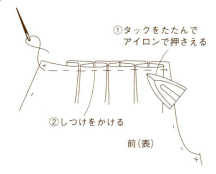

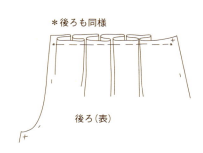

5

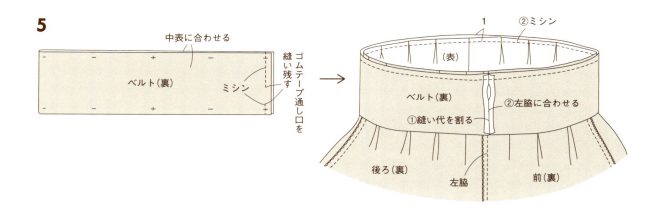

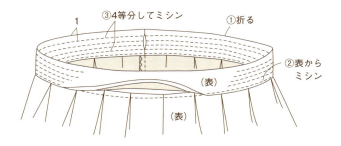

6

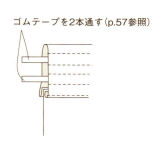

M ロングブルマ　　photo p.17

実物大パターンは
B 面にあります

女の子はもちろん、男の子もかわいくはけるブルマです。
素肌にもつけられるような、柔らかい素材がおすすめです。

● 材料
4サイズ表記以外、全サイズに共通
布［綿コーデュロイ］……108cm幅を
　サイズ80は50cm、90は70cm、100は90cm、110は1m
ゴムテープ……4コールを
　サイズ80は40cm×2本（ウエスト用）+22cm×2本（裾用）、
　　　　90は42cm×2本（ウエスト用）+24cm×2本（裾用）、
　　　　100は44cm×2本（ウエスト用）+26cm×2本（裾用）、
　　　　110は46cm×2本（ウエスト用）+28cm×2本（裾用）

● 出来上りサイズ
腰囲……サイズ80は82cm、90は86cm、100は90cm、110は94cm
パンツ丈……サイズ80は34cm、90は36cm、100は38cm、110は40cm

● 準備
ウエスト、裾をアイロンで折る。

● 作り方
1　股上を縫う。縫い代は右側に倒す（p.61参照）。
2　股下を縫う。縫い代は後ろ側に倒す（p.61参照）。
3　ウエストを三つ折りにして縫い、ゴムテープを通す（p.57参照）。
4　裾を三つ折りにして縫い、ゴムテープを通す（p.57参照）。
＊縫い代は2枚一緒にジグザグミシンで始末する。

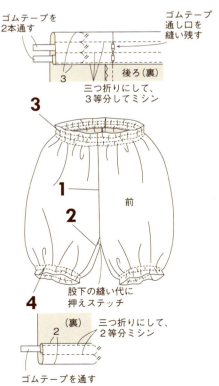

● 裁合せ図

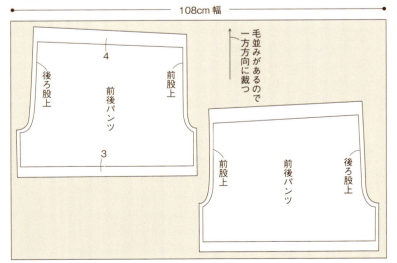

＊指定以外の縫い代は1cm

● ゴムテープを通す

ひも通し

縫い針のような形で、穴にゴムテープを通して使う。プラスチック製で柔らかい。ひもを通すときにも使えて便利。

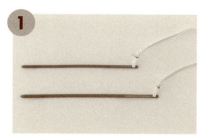

2本同時に通す。「ひも通し」の穴にゴムテープを通したら抜けないように端を縫いとめる。

ゴムテープ通し口に2本同時に差し込む。

両手で、2本同時に進めていく。

ゴムテープの終わりが中に入ってしまわないように、まち針でとめる。

1周して、ゴムテープ通し口から「ひも通し」を出す。

1の糸を切って「ひも通し」をはずす。ゴムテープの端と端を2cm重ねる。

重なり分を、糸2本どりで縫いとめる。

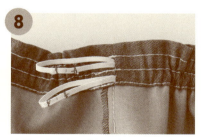

上下2本とも、重なり分を2か所縫いとめる。

両手で引っ張ってギャザーを均等にする。

目打ちを使い、通し口の中に押し込める。

出来上り。

L ノーカラーシャツ　　photo p.17

春夏は薄手の綿、秋冬は起毛素材など、布を替えて作ると楽しいです。
花柄など模様に方向性のある布の場合は、一方方向に裁ちます。

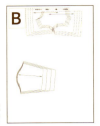

実物大パターンは
B面にあります

● 材料
4サイズ表記以外、全サイズに共通
布［綿プリント］……156cm幅を
　　サイズ80、90は60cm、100、110は80cm
ボタン……直径11.5mmを4個

● 出来上りサイズ
胸囲……サイズ80は73cm、90は77cm、100は81cm、110は85cm
着丈……サイズ80は29cm、90は32cm、100は35cm、110は38cm

● 準備
袖口、裾、後ろ端をアイロンで折る。

● 作り方
1. 肩を縫う。縫い代は後ろ側に倒す。
2. 袖をつける。縫い代は袖側に倒す（p.49参照）。
3. 袖下から脇を続けて縫う。縫い代は後ろ側に倒す。
4. 袖口を三つ折りにして縫う。
5. 裾を三つ折りにして縫う。
6. 衿ぐりを共布のバイアステープでくるむ（p.34参照）。
7. ボタンホールを作り、ボタンをつける（p.79参照）。

＊縫い代は2枚一緒にジグザグミシンで始末する。

● 裁合せ図

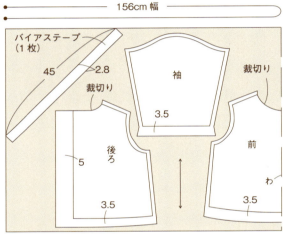

＊指定以外の縫い代は1cm

N ラグランスリーブワンピース photo p.18

薄手の綿ローンで作ったワンピース。身頃と袖を縫い合わせるとき、布を伸ばさないように注意して縫ってください。

●材料
4サイズ表記以外、全サイズに共通
布[綿]……110cm幅を
　サイズ80、90は90cm、100、110は1m10cm
ボタン……直径11.5mmを6個

●出来上りサイズ
胸囲……サイズ80は74cm、90は78cm、100は82cm、110は86cm
着丈……サイズ80は43cm、90は48cm、100は53cm、110は58cm

●準備
袖口、裾、後ろ端をアイロンで折る。

●作り方
1. 脇を縫う。縫い代は後ろ側に倒す。
2. 袖口を三つ折りにして縫う。
3. 袖をつける。縫い代は身頃側に倒す。
4. 裾を三つ折りにして縫う。
5. 衿ぐりにギャザーを寄せて共布のバイアステープでくるむ（p.34参照）。
6. ボタンホールを作り、ボタンをつける（p.79参照）。

＊縫い代は2枚一緒にジグザグミシンで始末する。

実物大パターンは**C**面にあります

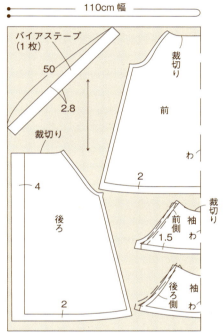

●裁合せ図

＊指定以外の縫い代は1cm

＊衿ぐりは
前=9.5、10、10.5、11
後ろ=4.5、5、5.5、6
袖=7.5、8、8.5、9に縮める

＊4つ並んだ数字はサイズ80、90、100、110

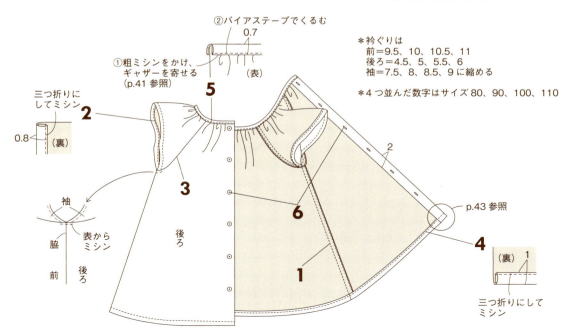

ふんわりギャザーブルマ photo p.20

綿のダブルガーゼで作りました。夏はこれ1枚で、
寒い季節はタイツを重ねるなど、一年中重宝するブルマです。

実物大パターンは
A面にあります

•材料
4サイズ表記以外、全サイズに共通
布[綿ダブルガーゼ]……106cm幅を
　　サイズ80は90cm、90、100、110は1m
ゴムテープ……4コールを
　　サイズ80は40cm×2本(ウエスト用)＋22cm×2本(裾用)、
　　　　　90は42cm×2本(ウエスト用)＋24cm×2本(裾用)、
　　　　　100は44cm×2本(ウエスト用)＋26cm×2本(裾用)、
　　　　　110は46cm×2本(ウエスト用)＋28cm×2本(裾用)

•出来上りサイズ
腰囲……サイズ80は120cm、90は124cm、100は128cm、110は132cm
パンツ丈……サイズ80は22.5cm、90は24cm、100は25.5cm、110は27cm

•準備
ウエスト、裾をアイロンで折る。

•作り方
1　股上を縫う。縫い代は右側に倒す(p.61 参照)。
2　股下を縫う。縫い代は後ろ側に倒す(p.61 参照)。
3　ウエストを三つ折りにして縫い、ゴムテープを通す(p.61 参照)。
4　裾を三つ折りにして縫い、ゴムテープを通す(p.61 参照)。
＊縫い代は2枚一緒にジグザグミシンで始末する。

•裁合せ図

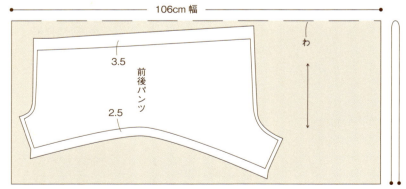

＊指定以外の縫い代は1cm

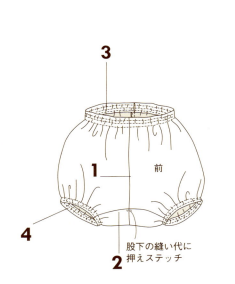
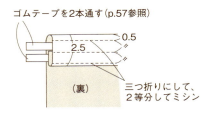
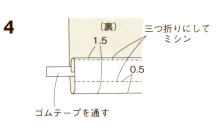
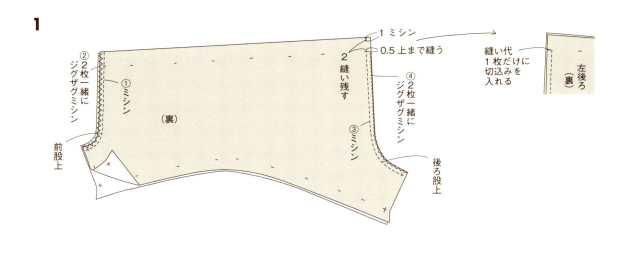
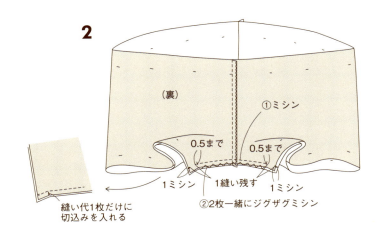

P, Q ドルマンスリーブワンピース　photo p.22,23

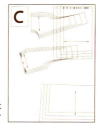

実物大パターンは
C面にあります

Pはビエラ、Qはリネン、デザインは同型で布を替えて作りました。
袖つけがないので、案外かんたんに作れます。

● **材料**
4サイズ表記以外、全サイズに共通
布[Pは綿ウール混紡、Qは麻]……P110cm幅、Q120cm幅を
　サイズ80は1m20cm、90は1m30cm、
　100は1m40cm、110は1m50cm
ボタン……直径11.5mmを6個

● **出来上がりサイズ**
胸囲……サイズ80は64cm、90は68cm、100は72cm、110は76cm
着丈……サイズ80は40cm、90は45cm、100は50cm、110は55cm

● **準備**
後ろ端、裾をアイロンで折る。

● **作り方**
1　スカートのウエストにギャザーを寄せて身頃と縫い合わせる。
　　縫い代は身頃側に倒して表からミシン（p.41 参照）。
2　肩を縫う。縫い代は後ろ側に倒す。
3　袖口を共布のバイアステープでくるむ（p.34 参照）。
4　袖下から脇を続けて縫う。縫い代は後ろ側に倒す。
5　裾を三つ折りにして縫う。
6　衿ぐりを共布のバイアステープでくるむ（p.34 参照）。
7　ボタンホールを作り、ボタンをつける（p.79 参照）。
＊縫い代は2枚一緒にジグザグミシンで始末する。

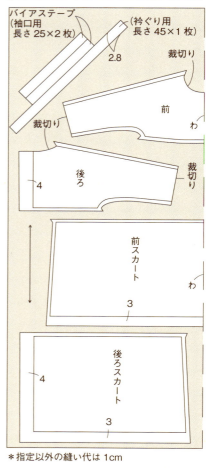

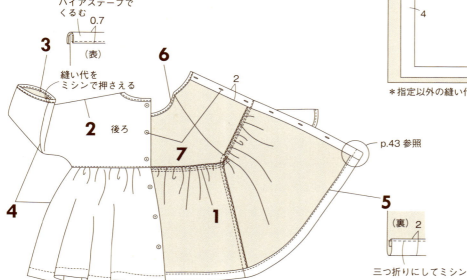

62

R セーラーカラーシャツ（長袖）   photo p.24

Hのシャツと同じデザインで袖を長くしたのがこちら。
Hは女の子用で右上前に、Rは男の子用に、左上前にしました。

実物大パターンは
B面にあります

• 材料
4サイズ表記以外、全サイズに共通
布［麻］……120cm幅を
　　サイズ80、90は1m、100、110は1m20cm
接着芯……90cm幅 50cm
ボタン……直径11.5mmを6個

• 出来上りサイズ
胸囲……サイズ80は75cm、90は79cm、100は83cm、110は87cm
着丈……サイズ80は31cm、90は34cm、100は37cm、110は40cm

• 準備
前の見返しの裏面に接着芯をはる。
袖口、裾、見返しをアイロンで折る。

• 作り方
1. 後ろ衿ぐりにギャザーを寄せる（p.48 参照）。
2. 肩を縫う。縫い代は後ろ側に倒す。
3. 衿を作り、つける（p.49 参照）。
4. 袖をつける。縫い代は袖側に倒す（p.49 参照）。
5. 袖下から脇を続けてスリット止りまで縫う。
   縫い代は後ろ側に倒す（p.49 参照）。
6. 袖口を三つ折りにして縫う。
7. スリットを二つ折りにして縫う。
8. 裾を三つ折りにして縫う。
9. ボタンホールを作り、ボタンをつける（p.79 参照）。
＊縫い代は2枚一緒にジグザグミシンで始末する。

63

S イージーパンツ photo p.25

ヒップ回りはゆったりで、裾に向かって細くなるテーパードシルエットがおしゃれなパンツ。ワッシャー加工のリネンで作りました。

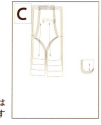

実物大パターンは**C**面にあります

● 材料
4サイズ表記以外、全サイズに共通
布［麻］……112cm幅を
　サイズ80、90は70cm、100、110は80cm
ゴムテープ……6コールを
　サイズ80は42cm×2本、90は44cm×2本、
　　　　100は46cm×2本、110は48cm×2本

● 出来上りサイズ
腰囲……サイズ80は75cm、90は80cm、100は85cm、110は90cm
パンツ丈……サイズ80は45cm、90は51cm、100は57cm、110は63cm

● 準備
ウエスト、ポケット、裾をアイロンで折る。

● 作り方
1　ポケットを作り（p.65参照）、つける。
2　前後の股上を縫う（p.65参照）。縫い代の倒し方は下図参照。
3　股下を縫う（p.65参照）。縫い代は後ろ側に倒して表からステッチ（p.65参照）。
4　脇を縫う。縫い代は後ろ側に倒す（p.65参照）。
5　ウエストを三つ折りにして縫い、ゴムテープを通す（p.57参照）。
6　裾を三つ折りにして縫う。
＊縫い代は2枚一緒にジグザグミシンで始末する。

● 裁合せ図

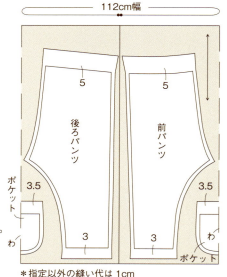

＊指定以外の縫い代は1cm

● ポケットを作る

1. ポケット口を三つ折りにして縫う。縫い代のカーブの部分に、しつけ糸2本どりでぐし縫いをする。

2. 方眼定規を当て、へらで1cmの縫い代分をしるす。

3. へらの線で折り、糸を少しずつ引きながら、丸みに合わせてギャザーを寄せる。

4. アイロンでしっかり押さえる。このあとでぐし縫いの糸を取る。

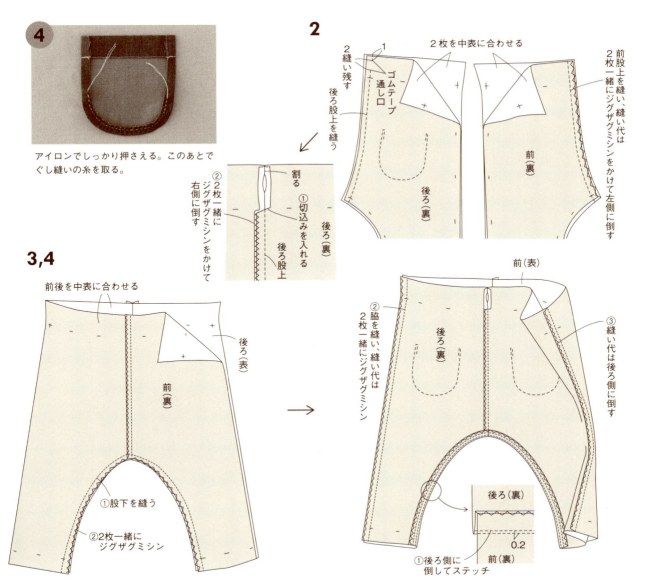

U フレアワンピース　　photo p.27

フレアシルエットがかわいい、華やかなシーンで着せたいワンピース。
替え衿は真っ白の綿ブロードで作りました。

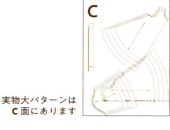

実物大パターンは
C面にあります

● 材料
4サイズ表記以外、全サイズに共通
布[綿コーデュロイ・ワンピース用]……112cm幅を
　サイズ80は1m10cm、90は1m30cm、
　100は1m50cm、110は1m60cm
布[綿・替え衿用]……112cm幅40cm
ボタン[ワンピース用、替え衿用]……直径11.5mmを6個
ゴムテープ……4コールをサイズ80は16cm×2本、90は17cm×2本、
　　　　　　100は18cm×2本、110は19cm×2本
ベルベットリボン……6mm幅
　80は1m10cm、90は1m15cm、100は1m20cm、110は1m25cm

● 出来上りサイズ
胸囲……サイズ80は65cm、90は69cm、100は73cm、110は77cm
着丈……サイズ80は43cm、90は48cm、100は53cm、110は58cm

● 準備
袖口、後ろ端、裾をアイロンで折る。

● 作り方
1. 肩を縫う。縫い代は後ろ側に倒す。
2. 袖をつける。縫い代は袖側に倒す(p.67参照)。
3. 布ループを作り(p.43参照)、脇にはさんで袖下から脇を続けて縫う。
   縫い代は後ろ側に倒す(p.68参照)。
4. 袖口を三つ折りにして縫い、ゴムテープを通す(p.68参照)。
5. 裾を三つ折りにして縫う。
6. 衿ぐりを共布のバイアステープでくるむ(p.34参照)。
7. ボタンホールを作り、ボタンをつける(p.79参照)。
8. 替え衿を作る(p.68図参照)。

＊縫い代は2枚一緒にジグザグミシンで始末する。

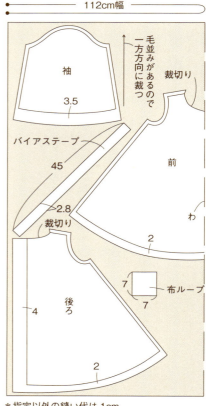

● 裁合せ図

＊指定以外の縫い代は1cm

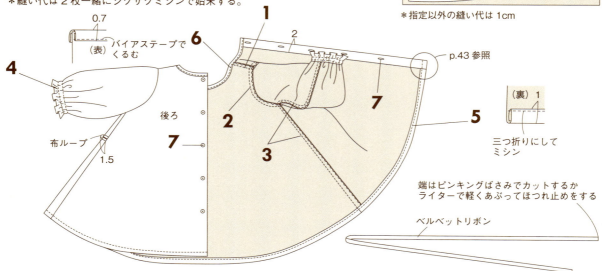

● 袖をつける

1 袖山の合い印〜合い印に、しつけ糸2本どりでぐし縫いをする。

2 糸を少しずつ引いて袖山をいせる。

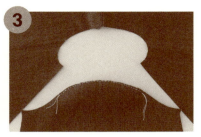

3 身頃の袖ぐり寸法に合わせて、同寸か確認する。

4 身頃と袖を中表に合わせてまち針でとめる。まず、身頃の脇と袖下をとめる。

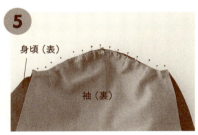

5 次に身頃と袖の肩、合い印、さらにその中間と、細かくとめる。

6 袖山を縫う。縫始めと縫終りは返し縫。

7 2枚一緒にジグザグミシンをかけ、縫い代は袖側に倒す。

次ページに続く

67

● 布ループを脇にはさんで袖下から続けて脇を縫い、袖口を縫う

1 前後を中表に合わせて袖口、脇をまち針でとめる。袖口と脇の中間、さらに中間と、細かくとめる。脇に布ループをはさみ、脇から裾も同様にまち針でとめる。

2 袖下から脇を続けて縫う。このとき、袖口のゴムテープ通し口を縫い残す。縫い代は割る。

3 袖口の縫い代1枚（前側）だけに袖口位置に切込みを入れる。

4 残りの縫い代は後ろ側に倒す。

5 縫い代は2枚一緒にジグザグミシン。袖口を三つ折りにしてミシンを2本かける。

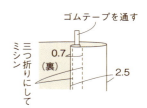

● 替え衿の裁合せ図

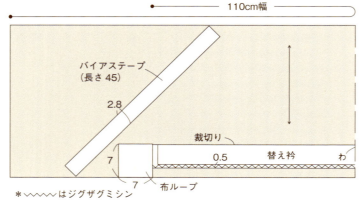

*〰〰〰はジグザグミシン
* 指定以外の縫い代は1cm
* 実物大パターンはC面にあります

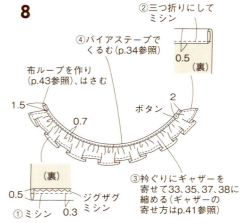

*4つ並んだ数字はサイズ80、90、100、110

V オーバーオール

photo p.28

Fのサロペットと同じ形で、こちらは着丈を長くしました。
股下あきにする場合は、Xヘンリーネックロンパースを参照してください。

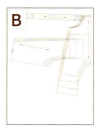

実物大パターンは
B面にあります

● 材料
4サイズ表記以外、全サイズに共通
布[麻]……112cm幅を
　　サイズ80、90は1m30cm、100、110は1m50cm
ボタン……直径15mmを2個
ゴムテープ……12コールを
　　サイズ80は22cm、90は24cm、100は26cm、110は28cm

● 出来上りサイズ
着丈……サイズ80は54cm、90は61cm、100は68cm、110は75cm
（前上端から裾まで）

● 準備
後ろパンツのウエスト、裾をアイロンで折る。

● 作り方
1　肩ひもを作る（p.47参照）。
2　後ろパンツのウエストを、肩ひもをはさんで三つ折りにして縫い、
　　ゴムテープを通す（p.47参照）。
3　前身頃に前見返しをつける（p.47参照）。
4　股下を縫う。縫い代は後ろ側に倒してステッチ（p.65参照）。
5　脇を縫う（p.47参照）。
6　裾を三つ折りにして縫う。
7　ボタンホールを作り、ボタンをつける（p.79参照）。
＊縫い代は2枚一緒にジグザグミシンで始末する。

● 裁合せ図

＊〜〜〜はジグザグミシン
＊指定以外の縫い代は1cm

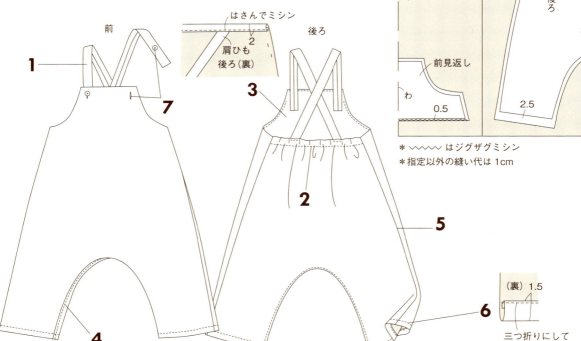

W カバーオール　　photo p.29

背中のポケットがアクセントのカバーオール。
一般的なデニムより織りが甘い、柔らかい布で作りました。

実物大パターンは**D**面にあります

● 材料
4サイズ表記以外、全サイズに共通
布［綿］……108cm幅をサイズ80、90は1m、100、110は1m20cm
ボタン……直径15mmを5個

● 出来上りサイズ
胸囲……サイズ80は67cm、90は71cm、100は75cm、110は79cm
着丈……サイズ80は33cm、90は36cm、100は39cm、110は42cm

● 準備
袖口、裾、表衿のつけ側、ポケットをアイロンで折る。

● 作り方
1. 前ポケットを作り（p.65 参照）、つける。
2. 後ろポケット、後ろフラップを作り、つける（p.71 参照）。
3. 前端を前見返しで始末する（p.71 参照）。
4. 肩を縫う。縫い代は後ろ側に倒してダブルステッチ。
5. 衿を作り、つける（p.71 参照）。
6. 前後の袖を縫い合わせる。縫い代は後ろ側に倒してダブルステッチ。
7. 袖をつける（p.49 参照）。縫い代は身頃側に倒してダブルステッチ。
8. 袖下から脇を続けて縫う。縫い代は後ろ側に倒してダブルステッチ。
9. 袖口を三つ折りにして縫う。
10. 裾を三つ折りにして縫う。
11. ボタンホールを作り、ボタンをつける（p.79 参照）。

＊縫い代は2枚一緒にジグザグミシンで始末する。

● 裁合せ図

＊〰〰〰 はジグザグミシン
＊指定以外の縫い代は1cm

＊ダブルステッチはすべて0.1と0.5幅

2

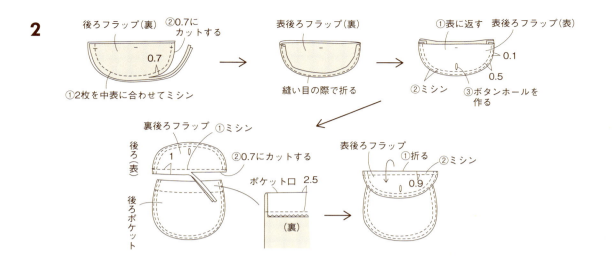

3

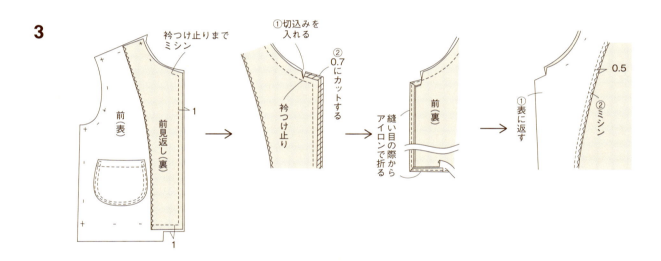

5

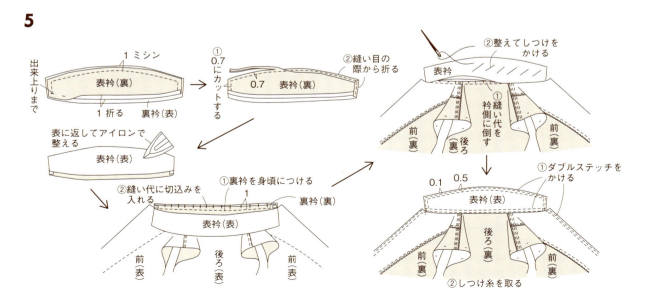

X ヘンリーネックロンパース　photo p.30

前のあきは、短冊をていねいに折っておくと、きれいに仕上がります。
ストライプのハーフリネンで作りました。

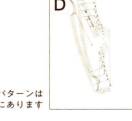

実物大パターンは
D 面にあります

● 材料
4サイズ表記以外、全サイズに共通
布 [綿麻混紡] ……110cm 幅を
　　サイズ80、90は 1m20cm、100は 1m30cm、110は 1m40cm
ボタン……直径 11.5mm を 4個
プラスナップ……直径 9mm を 9組み

● 出来上がりサイズ
胸囲……サイズ80は 55cm、90は 59cm、100は 63cm、110は 67cm
着丈……サイズ80は 66cm、90は 73cm、100は 80cm、110は 87cm

● 準備
裾をアイロンで折る。

● 作り方
1. 前に短冊あきを作る (p.73、74 参照)。
2. 肩を縫う。縫い代は後ろ側に倒す。
3. 袖ぐりを共布のバイアステープでくるむ (p.34 参照)。
4. 衿ぐりを共布のバイアステープでくるむ (p.34 参照)。
5. 脇を縫う。縫い代は後ろ側に倒す。
6. 裾を三つ折りにして縫う。
7. 前股下、後ろ股下をそれぞれバイアステープで始末する (p.75 参照)。
8. プラスナップをつける (p.33 参照)。
9. ボタンホールを作り、ボタンをつける (p.79 参照)。

＊縫い代は 2枚一緒にジグザグミシンで始末する。

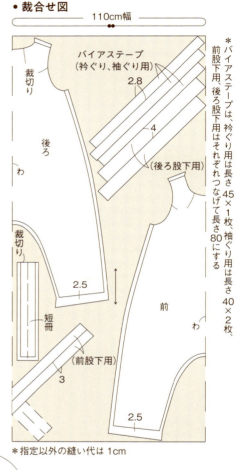

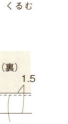

● 短冊あきを作る

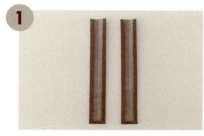

1 左右2枚の短冊の3辺の縫い代をアイロンで折る。上端は衿ぐりなので裁切り。

2 前の短冊つけ位置に水性チャコペンで印をつける。切込み位置（前中心）もしるす。

3 短冊つけ止りは逆Yの字に切込み印。

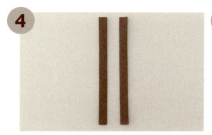

4 短冊を縦半分に、出来上りに折る。

5 右側の短冊をつける。前の短冊つけ止り位置に中表に合わせてまち針でとめる。

6 続いて上端をとめる。次はその中間、さらに中間をとめる。

7 ミシンで短冊つけ止りまで縫う。縫始めと縫終りは返し縫い。

8 右側と同じように左側の短冊もつける。

9 縦の切込み線を切る。

10 短冊つけ止り位置の裏側にほつれストップ液をつける。縫い目の際まで切込みを入れるため、布のほつれを防ぐ。

ほつれストップ液

これをつけるだけで布のほつれが防げる。接着性はなく、硬くならない。いろいろな繊維に使えて洗濯もOK。

次ページに続く

11 短冊つけ止りの逆Yの字の部分に切込みを入れる。

12 縫い代を0.7cmにカットする。

13 左側の縫い代もカットする。

14 右側の短冊を出来上りに折ってまち針でとめる。

15 三角の縫い代をよけて縫う。左側も同じように縫う。

16 短冊つけ止り位置で、右側の短冊の上に三角の縫い代を重ねる。

17 さらにその上に左側の短冊を重ねる。

18 左右の短冊をきちんとそろえてまち針でとめる。水性チャコペンでステッチ線をしるす。

19 印どおりにステッチをかける。縫始めと縫終りは返し縫いをし、あき止り位置も横に返し縫いをする（左下図参照）。

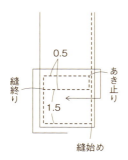

出来上り。短冊はそろえてまち針でとめておく。

7

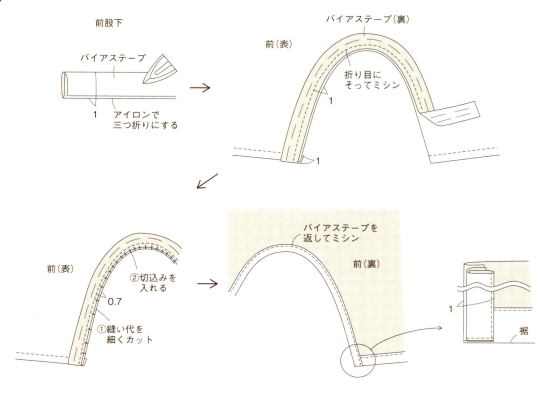

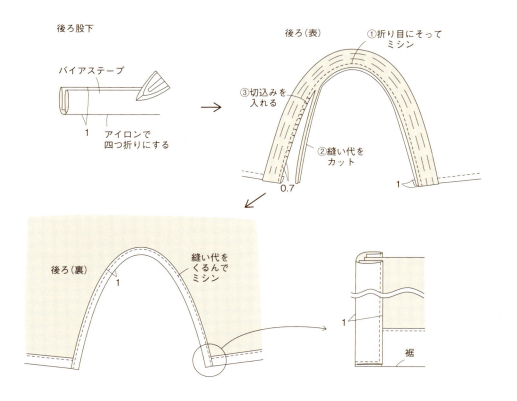

Y フードコート　　photo p.31

綿麻混紡の帆布で作りました。布が無地の場合、見返し奥の
バイアステープをチェックや花柄にすると、脱いだときもかわいい。

実物大パターンは
D面にあります

● 材料
4サイズ表記以外、全サイズに共通
布[綿麻混紡]……105cm幅を
　　サイズ80、90は1m20cm、100、110は1m40cm
接着芯……90cm幅 50cm
ボタン……直径15mmを4個
バイアステープ……14mm幅を
　　サイズ80、90は1m30cm、100、110は1m60cm

● 出来上りサイズ
胸囲……サイズ80は66cm、90は70cm、100は74cm、110は78cm
着丈……サイズ80は43cm、90は47cm、100は51cm、110は55cm

● 準備
前後見返しの裏面に接着芯をはる。
袖口、裾、フードの顔口、ポケットをアイロンで折る。

● 作り方
1　ポケットを作り(p.65参照)、つける。
2　見返しを作る(p.77参照)。
3　肩を縫う。縫い代は後ろ側に倒す。
4　フードを作り、つける(p.77参照)。
5　袖をつける。縫い代は袖側に倒す(p.49参照)。
6　袖下から脇を続けて縫う。縫い代は後ろ側に倒す。
7　袖口を三つ折りにして縫う。
8　裾を三つ折りにして縫う。
9　ボタンホールを作り、ボタンをつける(p.79参照)。
＊縫い代は2枚一緒にジグザグミシンで始末する。

● 裁合せ図

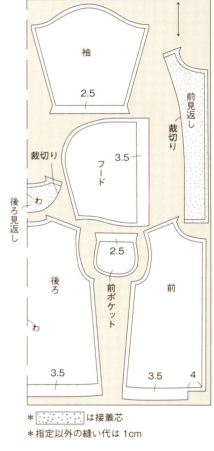

＊ は接着芯

＊指定以外の縫い代は1cm

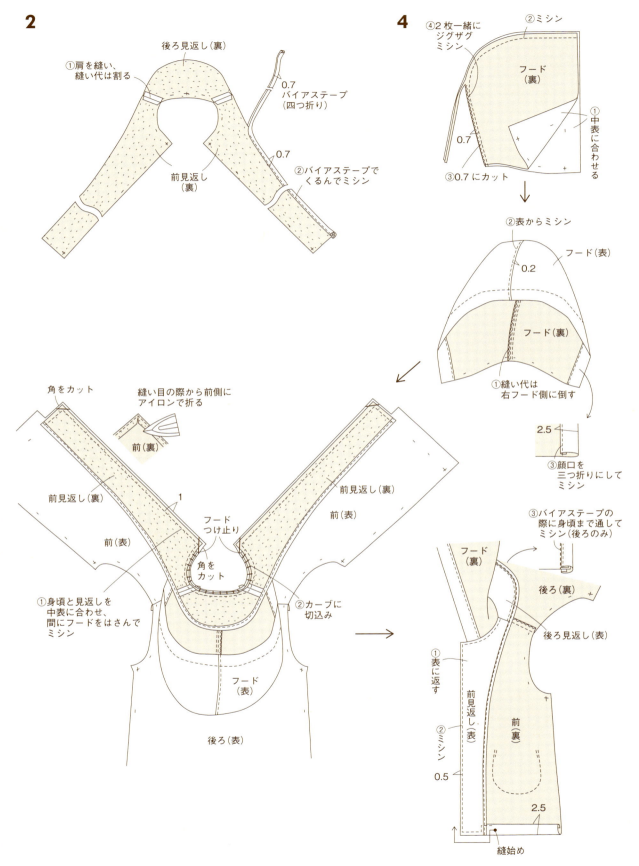

実物大パターンの使い方

● 実物大パターンは本書から外してお使いください。

● 実物大パターンは2枚あり、それぞれA、B面、C、D面の両面あります。パターンは切り取らずに、必ず写し取ってお使いください。

● このパターンには、サイズ80、90、100、110が入っています。サイズは37ページの「参考寸法表」で確認してください。

● 作るものが決まったら、作り方ページのパターンの配置図を参考にして、各パーツの線をマーカーや色鉛筆などでなぞっておくと写し間違いがありません。

● パターンの作り方

● 写し取ったパターンに、パーツの名称、布目線、あき止り、ポケットつけ位置、合い印なども書き写します。

● パターンには縫い代が含まれていません。作り方ページの「裁合せ図」を見て、写し取ったパターンに縫い代をつけて裁断してください。「裁合せ図」で「裁切り」と表記してあるところは縫い代はつけません。

● 袖口やパンツの裾など、倒し方で縫い代が不足する場合があるので、縫い代のつけ方に注意します（図参照）。

裾

この部分

裾

パターンを写した紙

股下

裾

①股下の縫い代をかく

②裾で紙を折る

③裾の縫い代をルレットなどでしるす

股下

裾

ルレットにそって縫い代をかく

手縫いの基礎

● 玉結び ● 玉止め

● ボタンのつけ方

● ボタンホールの印つけ

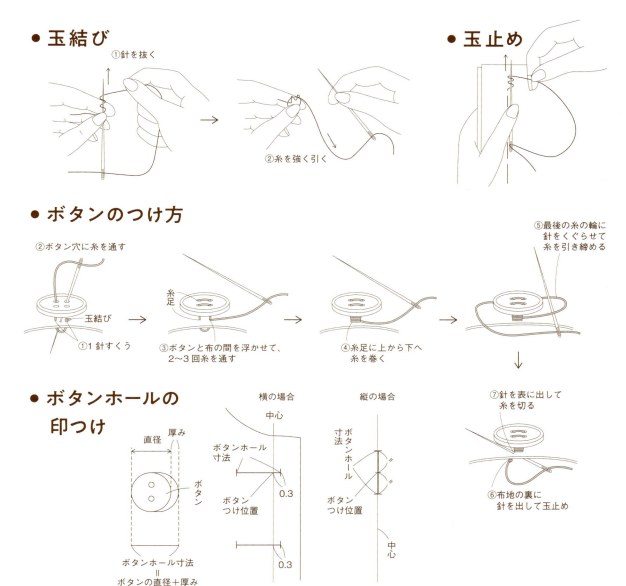

● ほつれストップ液の使い方いろいろ

ボタンホールを作ったら、縫い目や切込みに液をつけておくと糸端や布のほつれを防げる。

ボタンをつけたら、糸の上に液をつけておくと糸端がほつれにくくなる。

スタッフ

ブックデザイン …… わたなべひろこ
撮影 …… 加藤新作
スタイリング …… 堀江直子
モデル …… アイラ　ギャスパー　クロエ
　　　　　　雫　ソフィア　六花
プロセス撮影 …… 安田如水(文化出版局)
作り方元図 …… 堀江友恵
トレース …… 西田千尋
パターングレーディング …… 上野和博
校閲 …… 向井雅子
編集 …… 堀江友恵　三角紗綾子(文化出版局)

小さな子どもの手づくり服

2018年4月22日　第1刷発行
2019年8月22日　第7刷発行

著　者 …… 新垣美穂
発行者 …… 濱田勝宏
発行所 …… 学校法人文化学園 文化出版局
　　　　　　〒151-8524 東京都渋谷区代々木 3-22-1
　　　　　　TEL. 03-3299-2487(編集)
　　　　　　TEL. 03-3299-2540(営業)

印刷・製本所 …… 株式会社文化カラー印刷

©Miho Shingaki 2018　Printed in Japan

本書の写真、カット及び内容の無断転載を禁じます。
●本書のコピー、スキャン、デジタル化等の無断複製は著作権法上での
例外を除き、禁じられています。本書を代行業者等の第三者に依頼して
スキャンやデジタル化することは、たとえ個人や家庭内での利用でも著
作権法違反になります。
●本書で紹介した作品の全部または一部を商品化、複製頒布、及びコン
クールなどの応募作品として出品することは禁じられています。
●撮影状況や印刷により、作品の色は実物と多少異なる場合があります。
ご了承ください。

文化出版局のホームページ　http://books.bunka.ac.jp

●この本で使用した布

A　綿／麻ウェザー BIO-TKS ／④
B　Lace flower-mini flower ／③
C　コットンダブルガーゼ生地 先染め
　　ギンガムチェック ワッシャー加工／⑥
D　ドットミニョン／②
E　wonder forest ／⑦
F　リネンキャンバス BIO-TKS ／④
G　ピュアリネンクールクラッシュ加工
　　／⑤
H　綿／麻交織シーチング TKS ／④
I　レイナニノワールローン／④
J　海のブロード／②
K　コットンタイプライター／④
L　Find the animals-forest ／③
M　シャツコール／④
N　クリスタルローン／⑦
O　Pres-de オリジナル国産ダブルガーゼ
　　／⑥
P　ウール混ビエラ起毛 Garden ／⑤
Q　40番手リネン100％先染め大ブロッ
　　クチェックワッシャー加工／⑥
R　リネン100％ 先染め生地ワッシャー
　　加工千鳥柄チェック／⑥
S　25番手ベルギー産リネン・ヴィン
　　テージワッシャー加工無地／⑥
T　シャツコール／④
U　コール天無地／⑤
V　リネンヘリンボン／⑤
W　やわらかデニム／①
X　ハーフリネン・ティッキングストラ
　　イプ／②
Y　綿麻10号帆布／②

① 清原
http://www.kiyohara.co.jp/store/

② CHECK & STRIPE 吉祥寺店
TEL.0422-23-5161
http://checkandstripe.com

③ デコレクションズ
http://decollections.co.jp/

④ 布地のお店　ソールパーノ
http://www.rakuten.co.jp/solpano/

⑤ 布もよう
http://nunomoyo.b-smile.jp

⑥ プレドゥ
http://www.pres-de.com

⑦ ヨーロッパの服地ひでき
http://www.rakuten.co.jp/hideki/

＊掲載の布地は、時期によっては、
完売もしくは売切れになる場合があ
ります。ご了承いただきますよう、
お願い致します。

●用具提供

清原
http://www.kiyohara.co.jp/store/

クロバー
TEL.06-6978-2277(お客様係)
http://www.clover.co.jp

●撮影協力

AWABEES

BROCANTE
TEL.03-3725-5584
http://www.brocante-jp.biz/
(p.17 のアンティークピッチャー)

miit ONLINE SHOP
http://miitdesign.com
(p.10、14、28、30 の T シャツ、
p.26 のカットソー)

UTUWA